A ARTE
É A PARTE
QUE VEM
FALAR DA
PARTE
QUE FALTA

O AMARELO,
QUE ME FAZ SORRIR,
E UM POUCO SOBRE
FELICIDADE

buscar o imenso
para assim descobrir
que o feliz com pouco
é o feliz de verdade

contei pro sol
aquele dia
que tinha roubado
seu bem mais precioso:
ninguém no mundo
brilhava tanto
quanto eu

fechar as janelas
de fora
para encontrar
vida aqui dentro

tenho sentido
o carnaval no peito
fora de janeiro,
fevereiro,
ou março;

talvez seja isso.

O VERMELHO,

QUE FAZ PULSAR

MEU PEITO, E UM

POUCO SOBRE

AMOR

pode ser
que seja mesmo loucura
te dar meu peito
tão rápido,
inteiro,
em forma de jura.
mas de que vale viver a vida
senão por essa tortura:
o magnífico delírio do amor?

Desenhando a poesia da vida // por Brunafrog

espero que o tempo saiba
que ele (mesmo infinito)
é pouco
pra tanto eu e você

se me falarem um dia
que o amor não existe
responderei inquieta
com um sorriso triste:
"o que não existe é a vida
de quem não sente o amor"

Desenhando a poesia da vida // por Brunafrog

fosse quadrado,
fosse redondo,
fosse triangular,
a forma em si
não importava,
que a gente iria sempre
dar um jeito
de se encaixar

O AZUL,

QUE ME ALAGA

E UM POUCO SOBRE

MELANCOLIA

ouvi que seria cinza
que teria chuva
e pancadas sem-fim
mal sabia
que a previsão do tempo
não falava do tempo,
mas falava de mim

me revirei toda:
pra caber onde não cabia,
pra fazer o que não fazia,
sem perceber
que, no fim das contas,
ficar de ponta-cabeça
por alguém
só me deixava pra baixo

o muito
ficou pouco
o canto
ficou rouco
de dentro eu sussurrava:
"acorda, menina!
que o peito
ficou louco"

Desenhando a poesia da vida // por Brunafrog

tem dias
que o vazio incomoda
mais do que deveria

O LILÁS,
QUE TEM CARA
DE SAUDADE,
E UM POUCO SOBRE
NOSTALGIA

um dia
corri pra tão longe
de quem eu era
que me deixei pra trás

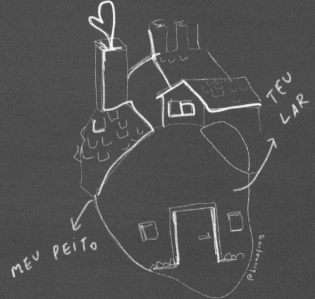

e o clichê se fez
como num filme de amor
lembrei de quando
meu peito
era casa
e você, morador

no meio
de tanto barulho
esbarrei,
de repente,
com a única música
que queria ouvir:
o silêncio da minha memória

Desenhando a poesia da vida // por Brunafrog

o pensamento
é esquisito:
ele passa
e ao mesmo tempo fica
(igual eu e você)

O LARANJA,
DE TANTAS METADES,
E UM POUCO SOBRE
AMIZADE

não dá pra mudar
tudo à nossa volta
mas dá pra escolher
quem vive o mundo
com a gente

Desenhando a poesia da vida // por Brunafrog

se minha cabeça
falasse em árabe
e a sua em chinês,
a gente se ouviria
do mesmo jeito
posto que a gente
se entende
pelo coração
e não pelo português

estar junto
faz do presente
um presente

te conhecer
de olhos fechados
e braços abertos

O CINZA,
QUE ME SUFOCA,
É UM POUCO
SOBRE MEDO

no espaço
que me separa
de mim
moram todas as inseguranças
do mundo

nem toda história
é baseada
em fatos reais
tem umas que são só
da nossa cabeça;

(e essas eu conheço demais)

tudo muda
quando a gente descobre
que ter medo
não é sinônimo
de estar paralisado
e que, mesmo com medo,
dá pra caminhar um bocado

preocupar-se
com a preocupação
de não se preocupar
com nada
é a tormenta
da mente preocupada

O VERDE,

QUE ME DÁ FORÇAS

PRA SEGUIR, E UM

POUCO SOBRE

ESPERANÇA

e quanto mais eu
confiava em mim,
mais a vida
confiava também

a coragem de estar aqui
é mais importante
que a hora de chegar lá

escuta!
não é do outro lado
a grama só é mais verde
onde a gente rega

o presente
só vive bem
quando o futuro espera
e o passado dá licença

O BRANCO,
QUE É A MISTURA
DE TUDO, E UM
POUCO SOBRE
A VIDA

seria bonito se esse fosse
o último poema,
mas a vida não é feita só de últimos,
e nem só de bonitos:
mas também de primeiros e meios,
esquisitos e feios.

o importante
é lembrar que são eles
que nos fazem inteiros. ;)

Dados Internacionais de Catalogação na Publicação (CIP) de acordo com ISBD

F927d Frog, Bruna

   Desenhando a poesia da vida / Brunafrog. - Belo Horizonte, MG : Crivo Editorial, 2020.
   48 p. : il. ; 15cm x 15cm.

   ISBN: 978-65-89032-05-2

   1. Autoconhecimento. I. Título.

   2020-2931
   CDD 158.1
   CDU 159.947

Elaborado por Vagner Rodolfo da Silva - CRB-8/9410

Índice para catálogo sistemático:
1. Autoconhecimento 158.1
2. Autoconhecimento 159.947

Desenhando a poesia da vida © Bruna Frog, 11/2020
Edição © Crivo Editorial, 11/2020

Edição e Revisão: Amanda Bruno de Mello
Capa, Projeto gráfico e Diagramação: Bruna Frog
Direção de Arte: Haley Caldas
Coordenação Editorial: Lucas Maroca de Castro

Crivo Editorial
Rua Fernandes Tourinho, 602, sala 502
30.112-000 - Funcionários - Belo Horizonte - MG

www.crivoeditorial.com.br
contato@crivoeditorial.com.br
facebook.com/crivoeditorial
instagram.com/crivoeditorial
crivo-editorial.lojaintegrada.com.br